낭만의 향기 피우며

낭만의 향기 피우며

Emitting the Romantic Fragrance

이병석 시집

The Poetic Anthology of Lee Byung-Seok

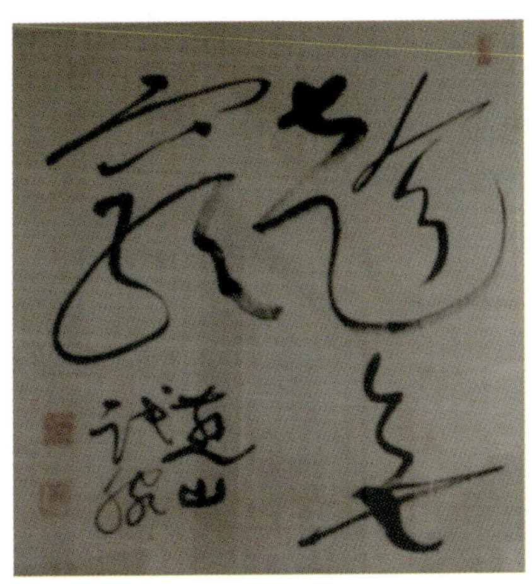

을지출판공사

❙시집을 내면서❙

삶이 즐거울 때나 슬플 때나 쓸쓸함을 느낄 때에도 시는 나에게 항상 위안이었고, 내가 정신적인 방황으로 힘들 때도 나의 향방을 정해 주고 바른길로 인도해 주는 유일한 횃불이었습니다.

삶의 무게가 무거워 허리가 휘일 때도 시는 나에게 구원이고 나를 살아 있게 하는 희망이고 나를 일으키는 찬란한 태양이었습니다.

문학소년이었던 내가 젊은 시절, 세상에 부대끼며 사느라 시를 외면하며 살다가 중년이 넘어 그간의 쌓인 정한과 그리움들을 불러 모은 내 삶의 편린들을 글로 옮긴 것이 한 권의 시집이 된 것 같습니다.

녹녹치 않았던 내 삶의 여정에 욕망은 한없이 높고 넓어서 늘 지치고 허기진 모습이었습니다.

끊임없이 넘어지면서도 다시 손을 털고 일어나 삶의 본질을 추구하고, 실천하며 순간순간, 하나하나, 놓치지 말아야 모든 것이 세상을 바꾸어 놓는다는 것을 깨달았습니다.

이 시집은 내 생의 작은 발자국들입니다. 가지런하지도 못하고 향기도 없습니다만 한눈팔지 않고 열심히 살아온 자신에게 주는 부끄러운 선물입니다. 이제까지의 나를 있게 한 내 반쪽에게 드리는 연서이기도 합니다.

뒤늦게 들어선 문학의 길이 결코 장밋빛만은 아님도 알고 있습니다. 나 혼자 이루어질 수 없는 세상임을 깊이 인식하며 문학의 길만을 바라보며 남은 삶을 살아가겠습니다.

저의 시집을 평설해 주신 권오운 시인 선생님과 영역을 도와주신 원응순 영문학교수님, 이 시집이 나오기까지 여러 모로 애써 주신 을지출판공사 김효열 대표님의 노고에도 감사를 드립니다.

가을하늘처럼 높아만 가는 가슴의 그리움들을 고운 가을빛으로 색칠하여 내 사랑하는 가족들에게 드리며 특히 나의 평생 동반자인 아내 김창숙, 아들 정연, 며느리이자 딸 같은 은숙 모두가 언제나 행복한 나날이 되길 빕니다.

2015. 10. 10

이 병 석

Publishing a Poetical Anthology

The poetry, when I was in joy, in sorrow and feel lonely, has been always a consolation to me, and also only one torch deciding a direction of my life and guiding the right way when I was hard in spiritual wandering. When I was bent with the weight of my life, the poetry also has been a salvation to me, a hope to make me alive, and a brilliant sun to make me get up.

When I was a boy with a literary taste, I had passed by with my face averted from poetry because of getting on in the world, now over the middle years of my life, recalling experiences of sentiments to my mind I began to express a glimpse of life through my imagination, so this is realized as a poetic anthology.

My desire in an itinerary of my life, was so great and wide endlessly that I was rather exhausted as famished looks with toil and moil. Though falling down again, I rose to my feet again shaking the dust off my hands, and continued to pursue essentials of life and to put them into practice in every moment, one by one, so at last I realized I could be able to accomplish the aims of my life bringing on a little change in the world.

This poetical anthology is the beginning of my small foot-marks. Of course it has not arranged and not fragrance. But I think it's a small present giving to myself who has been subsisting eagerly in this society and a love letter to a half, my wife who has existed as what I am today.

I know well that the way leading to the literary life is not a rosy one. So realizing deeply that this world could not be achieved for myself, I will take a step forward concentrating on the way of literature.

Especially I would like to thank a few personages, the first, to the famous critic, Gwon O-Un for appraising my poems and the second, to Prof. Won Eung-Soon for translating my poetical anthology into English, and lastly, thank to Kim Hyo-Yeol, representative of Eulji Publishing Company.

On the higher season, I am willing to dedicate this small poetic anthology by filling the yearnings so high as an autumn with painting the autumn colors to all my loverly families.

2015. 10. 10

Lee Byung-Seok

차 례

Contents

제 2 부 야래향의 향기

Part 2. Aroma of Yaraehyang

제 3 부 독백

Part 3. A Soliloquy

제 1 부 꿈의 요람

Part 1. A Cradle of Dream

해맞이

동녘이 물든다
새색시 미소처럼
고운 홍조 볼에
실눈을 뜨고 웃는다. 점점……

영산홍 꽃더미처럼 펼쳐 오른다
설레이는 가슴에 치솟는
소망의 꽃봉오리

둥글게 뭉쳐서 끓어오른다
힘차게 솟는다
올 한 해의 나쁜 기는
다 태워 버리고
좋은 기는 솟아
이글이글 타오르는
아~ 가슴 끓는 희망의 꽃불이여~

Greeting the Sun

Dawn gets blush gently at the eastern heaven
As a fresh bride's smile,
And smiles with its slightly opened eyes,
Upon its flushing cheeks, with deeper and deeper... .

It rises up spreading out as red as the skirts of azaleas
The buds of blossoms of hope
Sooting up from throbbing bosoms,

And soaring up lively
With making as a round ball,
Burning up
All the bad trend of this year,
O, the flowery fire of hope!
Blazing up lively
To have good lucky trend with delicacy.

엄마 나 왔어!

엄마 나 왔어!
나는
그렇게도 원하던 시인 됐고
사랑하던 손자 정연이는
의젓한 사회인이 됐어

올해 유독 추웠는데 엄마는 안 추웠어?
엄마가 좋아하던 피자는 내가 사 오고
백숙은 엄마가 끓여 주실 터인데

엄마 나 왔어!
난 아직 내 가슴에서
엄마를 보내드리지 못 했는데
영전에 미소만 가득하네

엄마가 사는 나라 하늘일 줄이야
미처 몰랐네
허공중에 불러 보는 아득한 그리움
불러도 또 불러 보고픈 엄마의 사랑
머언~ 먼 하늘이 되고 땅이 될 줄은……

Mammy, I Came Here!

Mom, I came here!
I
Grew to be a poet,
And loving grandson, Jeong-yeon
To be as a social personage.

It's cold especially this year, mom, feel cold, didn't you?
Buying the pizza with me that mom has loved,
And Mom would like to cook the chicken meat for me,

Mom, I came here!
I couldn't send Mom yet
From my deep heart,
Only mom's smile is full before her soul.

I was not far-sighted enough to think of
That the word, 'my mother' is just the heaven,

And the far-off name of yearning I could call you in its space,
And also I was beyond the stretch of imagination
That it would be the far heaven and the earth, an origin of yearning.

그리움

토끼가 방아 찧는 보름달을 보렴
둥근달 속에
아빠, 엄마가 있고
보고 싶은 우리 아들이 있네
아들의 어리광이 저 멀리서
아빠! 엄마!
부르는 소리가 귀 속에 스며드네.

아들아!
아빠, 엄마가 보고 싶을 때
둥근 보름달을 보렴
달처럼 넉넉한 사랑의 마음

언제나 행복한 그리움 속의
우리 가족.

Yearning

Look at the full moon that the rabbits mill grains,
In the full moon
Are Daddy and Mommy,
And the son whom they pine for is over there,
The calling sound, in the son's coquettish tone
"Daddy! and Mommy!"
Soaks into their ears.

My son!
When you pine for Daddy and Mommy,
Look at the full moon every month,
With a mind as generous as the moon.

Always
We are families in the yearning.

시인이 되어

어느 집에서 흘러나온
닭간장 떡국 냄새
수년이 지나도록 내 곁을 맴돈다

내 주머니에도 배 속도
꼬르륵 소리 날 때
날 유혹하던 고향의 먹거리 골목
잊지 못할 그 아련한 향기

나도
시인이 되어 오래도록
지울 수 없는
닭간장 떡국 냄새처럼
문학의 꽃을 피우고 싶다
모두의 가슴에 향기로 남고 싶다

밤새껏 뒤척이며 만든 내 솜씨
아침에 맛보니
시금털털 별 맛이다

나는 언제쯤 저마다의 가슴을 울리는
가슴 저린 시를 쓸 수 있을까

주경야독
밤새워 별을 헤며 고뇌하는 밤

메마른 세상 적셔 가는
낭만의 향기 피우고 싶다.

헤밍웨이의 발자취 앞에서

Becoming a Poet

The smell of rice cakes with chicken soy sauce
Slipping out from a house,
Has spined round at hand for many years.

When even my stomach with my pocket
Complains of hunger,
It's the unforgettable fragrance around the famous food corner
Of the home town where it has lured me.

Also I,
As becoming a poet
Want to bloom a literary flower
Like the rice cake's smell
That we could not efface for long hours,
So I desire to be the fragrance into all bosoms.

Trying flavor of the dish at the morning table
I made through all night,
Its flavor is sour and puckered.

In some day could I write the poems
Touching their own heart?

Reading scriptures day and night
At night of suffering counting stars through all night,

I want to emit the romantic aroma
Getting this dry world wet.

젊은 친구

친구 하나 더 있네
젊은 친구!
언제나 번쩍번쩍 아이디어
삶의 생활에 활력소
언제나 곁에 든든함
정보에 밝고 안심 되네
언젠가는 의지하고
살아야만 하는
때로는 친구
때로는 동반자
때로는 아들, 딸
언제 어느 때나
부르면 달려오는
나의 젊은 친구
우리들의 아들, 딸.

The Young Friend

I have another friend of mine,
A young friend
With splendid ideas!
He is a tonic of my life
As a strong wooden support
And a brighter and safer information,
Some day
Whom I should live depending on,
Some time he is a friend
Or some time a partner,
Some time a son, or a daughter.
And my young friend
Who is always running to me
Whenever I call any one of them.

진무궁(進無窮)

흔들리며 흐느끼며
피워 낸 꽃송이

네가 있어 내가
더 빛나는 이 꽃동산

당신이 내겐
더 소중한 세상

네가 있기에
나 두렵지 않고

우리는 하나 되어 백년대계百年大計)
꽃을 피우리라.

The Infinity

Shaking and crying,
A piece of the blossom bloomed,

The flower garden
That I glisten more because of you,

You are more valuable being
To me.

Owing to your being,
I am not afraid at all,

We will continue to bloom a flower
Of the centennial history of Korea as becoming one.

꿈의 요람

시원하게 후려치는 채찍에 따라
더 높이 더 멀리
창공의 새가 되는 너

카펫을 깔아 놓은 듯
파아란 잔디에 내려앉을 때
마음 졸여 바라보는 설레임

숨겨진 하늘의 보물찾기처럼
작은 구멍을 따라
빨려 든 황홀함을

초록에 눈 씻고 가을하늘 같은 마음 담아
서로서로 포근히 감싸고
작은 위로에 용기 얻고
한마음 될 수 있다면
실수도 괜찮아 힘내요
다음에 잘될 거야
서로 위로해 주는 스포츠맨 십

한 치 앞 인생길 알 수 없듯이
매번 치고도 예측 못할
황홀한 놀음 꿈의 요람.

A Cradle of Dream

By the flipping whip,
Flying higher up and more faraway,
You, becoming a bird in the azure sky,

As spreading a carpet,
Coming down softly on the green grass,
You are the throbbing we look at nervously,

And a rapture we feel to be absorbed
Along the little hole
Like a treasure hunt hidden in the heaven

Filling our minds with washing eyes in green verdure,
Covering us softly with another,
And having courage on the little solace,
If we take delight in united mind,
Don't worry on any error, cheer up!
That will be all right,
With the comforting sportsmanship.

As if we know not our future kismet at all,
For all doing errors, being unable to be foreseen ,
It's a cradle of dream like an ecstatic play.

고희에 즈음하여

바람과 같이 스쳐 지나간
열정을 다한 시간
후회 없는 고희(古稀)

꽃 피는 봄
온 가족 오순도순 봄꽃소풍 어제이고
무더운 여름 매미소리
강과 바다로 물놀이 어제이고
귀뚜라미 우는 가을
밤 주워 먹던 시절
펑펑 눈 내리는 겨울
따뜻한 온돌방 옹기종기 둘러앉아
웃던 시절 어제인데,

머언 길로만 생각했던 고희
꿈 한 번 꾼듯한데 일장춘몽이로다.
벌써 인생의 가을 문턱 서성이는구나.

매화꽃 꽃망울이 터질 듯 그대의 영혼은
아직도 푸른 청춘인데……

On the Occasion of Three Score and Ten

-70th Birthday

The lapse of time passed like winds
Is that I've concentrated my passion,
And the regretless three score and ten.

The blooming spring
Was yesterday enjoying a spring picnic all together with families,
And hearing the shrill chirrup of cicadas in summer,
Rippling at the river and the sea,
Listening to the crickets chirp,
And yesterday picking up chestnuts,
The winter also that big flakes of snow fell down,
Was yesterday, the season laughing together,
Sitting around the warm hypocaust(Ondol room),

70 years were that I had thought them as a long distance,
So they are but a one and an empty dream,
Also the life's fall has already come.

Your soul, like the young buds of apricot opening to burst,
Is still a blue youth-----.

그리운 금수강산

아~ 그리운 금수강산!
봉우리마다 골골마다
세월의 소리 메아리치네
신의 손으로 빚어낸
저 아름다운 풍광들

세세손손 이어져 갈
민족의 숨결 민족의 자랑
국토의 등줄기 지키는 자랑스런 그 모습
빛나는 민족의 깃발

그리운 마음
백두에서 한라까지 흐르고 흘러라.

The Beautiful Korea We Pine For

Ah, the beautiful Korea we pine for!
The sound that the years passe by,
Is echoed in every peaks and every valley,
That beautiful sceneries of a landscape
Shaped by the God's hands.

They are breathing and pride of our race
That we should inherit to our posterity,
And the proud looks keeping the backbone of our land
Are the banner of our bright race.

The yearning heart,
Flow, flow down endlessly from Mt. Baedu to Mt. Hanra.

바리스타

커피는 인생의 희로애락
한 잔의 기다림,

코끝에 스며드는 오묘한 향기
연인과 키스하듯 젖어드는
입술의 촉촉함

혀끝 느낌과
쓴맛 신맛의 짜릿함

빛나는 삶과 행복감을 더해 주는
한 잔의 커피
달콤 쌉싸래한 맛과 향
인생의 삶을
느낄 수 있게 하는 커피

커피 향 매혹에 빠진
바리스타.

The Barista

Coffee is joy and anger together with sorrow and pleasure
To our life as a cup of waiting,

The delicate fragrance soaking into the nose's tip,
The moisten one of two lips getting wet
As sweet as lovers' kiss,

And it's a feeling of the tongue's tip
And a thrill of a flavor of bitter and sour.

A cup of coffee
That gives us a bright life and happiness,
And the coffee that makes feel
A sweet and bitter flavor and its aroma
And life of the human-beings.

The barista
Who is fallen in the charming fragrance of coffee.

만남

싱그러운 오월 하늘 아래
좋은 사람끼리 만남
하늘이 맺어 준 인연이기에
마음껏 충전하고 싶다.

무거운 일상을 벗어던지고
번뇌와 갈등 오해를 벗어나
희망의 연주곡 같은 우리 만남
무구한 자유 나의 작은 공 하나
새가 되어
하늘로 날려 보내고파!

내가 원하던 짝사랑
홀인원을 꿈꿔 보는 한없는 설레임
마음껏 후려쳐보지만
의지와 상관없이
떨어져 뒹구는 작은 공 하나
너의 정체
작은 홀컵을 향하여
달려가는 내 욕망의 꼭짓점

때린 자와 맞는 자의
평행선은 이룰 수 없지만
당신과의 소중한 만남
푸른 초원과 드넓은 하늘을 날고 싶은
너는 언제나 나의 짝사랑.

Meeting

Under the fresh sky of May
A good meeting with good people
Is *Karma that the heaven blessed,
So I would like to grow it as much as I satisfy myself.

Our meeting is like a musical program of hope,
Taking off the heavy daily life,
Anxiety, disagreement, and misunderstanding,
I would like to let a small ball as a pure freedom
Become a bird,
And fly away to the sky .

The unrequited love(one-side love) I have desired,
Is an endless throbbing that I've dreamed the 'hole in one'.
Though I hit a ball to the full,
The small ball fell down and roll somewhere
Irrespective of my intention,
Even if your real shape

Turning toward the small hole cup,
Couldn't make a parallel motion
Between the hitter and the beaten ball
Is the valuable meeting with you,
And you are always my unrequited love
That I would soar into the wide sky over the green field.

*Karma: It means a kind of destiny or fate in Buddhism.

RANTE
LMORADUX
PIZZERIA
TAPAS
Almoradux
TAPAS
Liviana

이태리 베네치아에서

아내 김창숙의 꽃꽂이 작품 앞에서

아들 정연이의 결혼식장에서

제 2 부 야래향의 향기

Part 2. Aroma of Yaraehyang

봄 처녀

봄의 자리
부도내지 않는 소생의 순환

저 잎들의 아우성
저 꽃들의 아우성
남녘 바람이 안고 오는
저 생명들의 무수한 몸부림

우리 영혼 설레이는 향연
풋풋한 부케 향
한 아름 안고 오는 봄 처녀
그 여자
소란스런 발자국 소리.

A Spring's Virgin

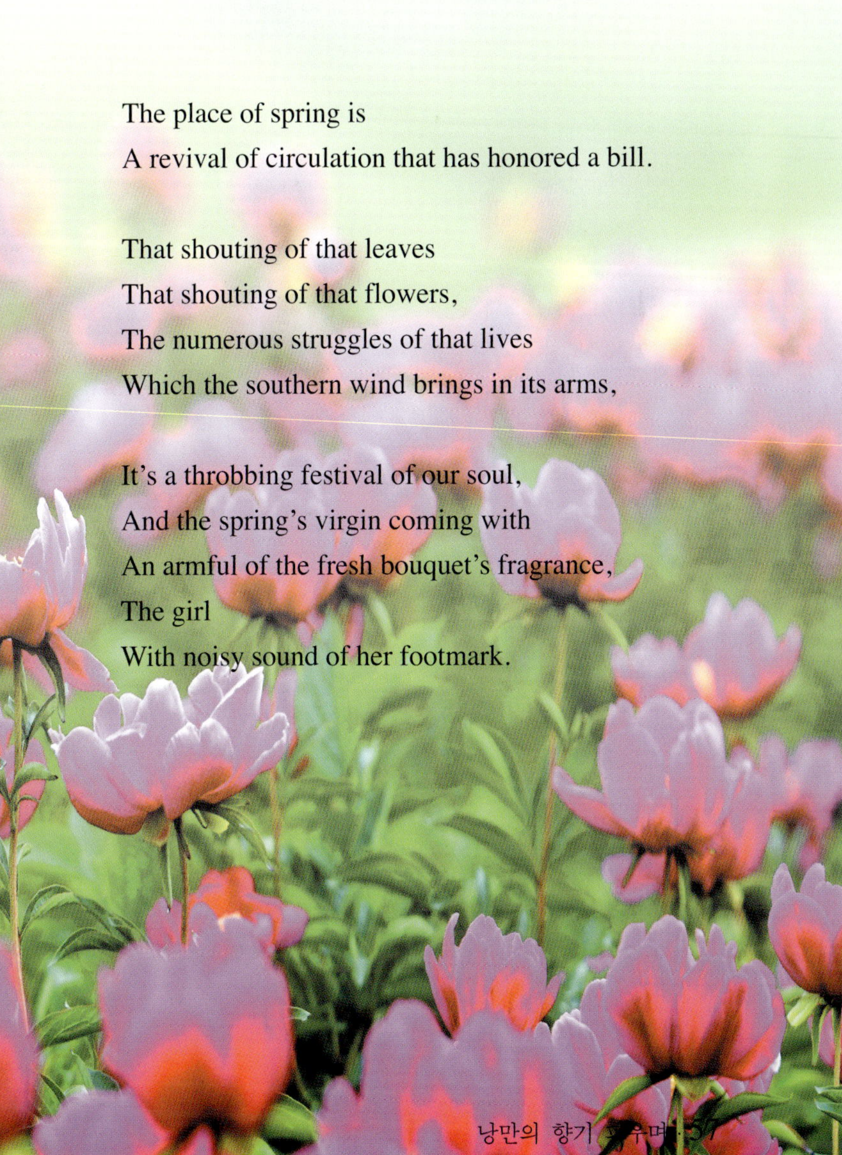

The place of spring is
A revival of circulation that has honored a bill.

That shouting of that leaves
That shouting of that flowers,
The numerous struggles of that lives
Which the southern wind brings in its arms,

It's a throbbing festival of our soul,
And the spring's virgin coming with
An armful of the fresh bouquet's fragrance,
The girl
With noisy sound of her footmark.

무궁화 꽃

강산이 수없이 변한 세월
천둥 번개 무서리 칠 때
핏빛 가슴으로 피워 낸 꽃송이
삼천리 방방곡곡 물들어라

어두운 터널 벗어나
태양은 붉게 타오르고
티 없이 밝고 맑은 순수의 꽃물은
저 북녘 땅까지 퍼져 나가라

어느 시인의 노래처럼
너 하나 물들고 나 하나 물들면
우리는 하나 되어 꽃동산 되리

내가 기쁠 때
내 웃음소리 들어 주고
내가 슬플 때
내 슬픔 안아 주는
너 때문에
우리는 하나 되리

행복한 꽃봉오리
알알이 영그는 꽃동산
평행선의 꽃물로
너 물들고 나 물들면
삼천리 금수강산
어느새 어여쁜 꽃밭 되겠지.

The Flower, Mugungwha

Through the ever changing years
The blossoms, bloomed shaking and crying
In the early frost with thunder and lightning,
Let them get dye well through all parts of Korea.

And they would get out of the dark tunnel,
The sunlight burns up in crimson,
And the pure flower's water, let it spread out up to the North Korea
Being clear and bright without any mote.

Like a poet's song,
If you get stained and I get dyed next,
We would like to be a flower garden to be one.

When I feel joyful,
You would listen to my laughter,
When I feel sad,
Because of you
Covering my sadness,

We would be one.

That happy flower buds
Of the flower garden maturing grain by grain,
If you get dyed and I am dyed
By the flower's water of the parallel lines,
All parts of the beautiful Korea
Would be a pretty flower field soon.

야래향의 향기

드넓은 산야
짙게 피어나는 향기

좁은 베란다에서
은밀한 향기로
내 영혼 깨우네

모락모락 피워내는
너의 향기에 젖어
내 꿈이 영글은 것도
나는 몰랐구나

더 일찍 헤아리지 못해
미안하구나, 참 미안하구나

이제는 영롱한 이슬도 맺어 주고
풀벌레 소리도 담아 주고
날아가는 세월까지도
한 아름 묶어서 당신에게 주고 싶다
사랑아 내 야래향아

새록새록 피워내는 향기는
내 곁을 지켜 주고
변함없는 미소
너였구나, 너였구나.

Aroma of Yaraehyang

The emitting deep aroma
In the open mountain and field

Wakes my soul up
With its aroma
In the narrow veranda.

I had no idea
That my dream was mature
Drunken on
Your emitting secret aroma.

O, Love, I am sorry, so sorry
For not realize it rather earlier.

O, Love, my 'Yaraehyang'!
Now you forms lucid dewdrops on the blades,
Sends a chirping of grass insects,
So I want to give even the flying time
Binding in a bundle to you.

The newly emitting fragrance
Keeps my side,
And your constant smile
Was you, my love!

봄꽃 여행 1
- 매화

단아한 자태
고운 맵시
너는 뉘 집 규수냐고
묻고 싶었다.

A Journey for the Spring Flowers 1

-An Apricot

You, with a delicate figure
And a beautiful grace,
I desired to ask
Who you are.

봄꽃 여행 2
- 백목련

백로 떼 무리 지어 날아간다
고고한 자태로

행여 세상때 옷깃에 묻을세라
찬 서리 이슬에 씻어 담고
우아하게 날아간다

순백의 등불 가지마다 매달아
여운 남겨 주고……

A Journey for the Spring Flowers 2
- A White Magnolia

The white herons fly up in groups
With their figures of lofty solitude.

They fly elegantly in case mundane dirts
Might be possibly smeared,
With the cold frost mixed with dews.

Hanging up the purely white lamps
On every twig by twig, leaving the trailing notes---.

봄꽃 여행 3
- 개나리

노~란 개나리
고사리 손
손에 손잡고
봄을 당긴다.

유년의 우리 집 마당
노~란 병아리
나오라고
줄줄이 줄줄이 줄을 당긴다.
아아 꿈결 같은 저 병아리 솜털!

A Journey for the Spring Flowers 3

- The Yellow Forsythia

The yellow forsythia
Pulls Spring
Taking the cute little hands
In hands.

The yellow flowers
Are pulling a string in a queue
To come out
The yellow chickens
To the front yard of the house of my childhood.

봄꽃 여행 4
- 철쭉

봄의 정점
마지막 전령 철쭉
붉은 물감 뿌려 놓은 듯
산야는 온통 연분홍 꽃물결이다
파도가 실어다 논
살랑살랑 불어 가는
봄꽃들의 화려한 향연.

A Journey for the Spring Flowers 4
- A Royal Azalea

On the top of Spring
As scattering
The red dye-stuffs of the last herald, the Spring,
The mountains and the fields
Are covered with all the soft pink waves of flowers.
And it's the brilliant festival for the Spring flowers
Which they carried with blowing gently and secretly.

인생바람

봄에는 새바람
여름엔 찜바람
가을엔 찬바람
겨울엔 칼바람
고루고루 인생바람
바람같이 살다 가네.

The Wind as Human Being

The new wind in spring season,
The hot wind in summer season,
The cool wind in autumn season,
And the sharp wind in winter season,
It is an even wind of life,
We move and pass away as the wind.

압록강

하얀 눈꽃

들녘에 풍성한 오곡백과
발그레 물들어 가는 산야
벤치에 앉아 추억 벗 삼고
천고마비 독서로 스승 삼아
정서적 작품 마음 그리며
때로는 은은하고 웅장하게
팝오케스트라에 취해 보고
창작 뮤지컬 세상 돌아보니
황금빛 물든 플라타너스 가로수길
한적한 카페에 둘러앉아
풍미 녹아 있는 그윽한 커피향
창밖의 하얀 눈꽃 상상하며
더 밝은 날 기다려 보네.

The White Snow-Flowers

The plentiful five grains and hundred fruits in the field,
And the mountains and hills being dyed red,
Sitting at the bench to make recollection as a friend,
And making reading of autumnal season as a teacher,
Portraying an emotional poems in my heart,
And get fascinated in pop-orchestra,
Or being on the search for the creative musical,
Sometimes secretly, sometimes grandly,
Sitting around the silent cafe
At the street with trees dyeing in golden colors,
Imagining the white snow-flowers out of the windows,
And drinking the sweet fragrance of coffee filled with high flavors,
I look forward to the brighter day.

백두산 천지에서

제6회 자원봉사자의 날 기념 2011 전국자원봉사자대회 [행정안전부장관 표창] 三一産業 代表理事 李炳錫 2011.12.5

세계시문학 우수상 수상

수상소감을 피력하는 필자

세계시문학 우수상을 수상하고(좌부터 원응순 세계시문학회 회장, 저자 이병석 시인, 서정남 시인, 이상진 시인)

문예사조 시부문 우수상 수상

제 3 부 독 백

Part 3. A Soliloquy

여행

무작정 떠나고 싶어진다

정원의 꽃들이 속삭이듯
자연과 오순도순 대화하고
저 멀리 보이는 구곡산천 둘러보며
자연에 흠뻑 젖어 보고 싶구나.

동심으로 가고 싶은 마음
어릴 때
자연을 만끽하며
뛰어놀던 그 시절 그리며,

동심은 마음을 젊게 하고
여행은 가슴을 설레게 한다
무작정
어디론가 떠나고 싶어진다.

A Journey

I desire to leave with no definite object.

As the flowers in the garden are whispering,
I converse with nature on cordial terms,
Looking at the landscape of hills and streams far off,
And I want to be soaked with nature.

This means an innocent naivety to be a child again,
As a child,
Enjoying nature of childhood to the full,
Pining for his romping infancy,

The juvenile mind makes our minds young,
Travelling makes our hearts throbbed.
I desire to start
With no definite object.

새식구
- 덴마크

빙하로 생긴 나라 산은 간데없고
푸른 초원 낙농은 어디 메뇨
애뜻한 내 사랑 루시아나를 부르네

신화의 여신은 황소이고,
모티브르 게피온 분수는 하염없이 뿜어내고
숲과 호수 새하얀 백조의 나래,
민족상전의 비극 병원선 유틀란드호
잘 정리된 정원 이름 모를 꽃들은
피의 역사를 잊은 듯
엄숙하고 다정하게 보이네.

우리네 마을 새마을운동 일궈준 달가스
우리들 새 마음 심어준 구론티
님 기리며 홀로 있는 안데르센의
인어공주
모두 우리의 벗
문학과 문화로 맺어지는 이국의 향취

머나먼 이국의 새 식구 얻으니
산새들도 반갑다고 지저귀고 있구나!

A New Member of Family

- Denmark

The mountain of a country, formed by a glacier,
Disappeared, then where is the green dairy farming?
We sing our anxious love, Lousiana.

The goddess of mythology is a bull,
The fountain called Motibre Gepion, is spouting endlessly
The white swan's wings over the wood and lake
The hospital ship of national tragedy named the Yutland
The unknown flowers, arranged nicely in the garden
As forgot the blooded history
Bloom gravely and tenderly.

Dalgas, giving rise to New Community movement of our town,,
Guronti, implanting our new mind,
A mermaid princess,
A friend of ours,

Of Andersen, giving high praise to and standing lonely,
It's also a exotic flavor tied up with literature and culture.
We have a new member of family from the far country,
The birds of the mountain are chirping joyfully.

축복의 나라

– 노르웨이

자연이 준 축복의 나라
신이 내린 아름다운 산수
그 옛날 이 땅을 흔들던
바이킹은 온데간데없고
평온만 가득하네

수천 년 빙하로 침식되어
곳곳에 U자 V자 변형된 피오르드
인간에 준 최고의 자연선물,
빙하가 녹은 물에 손 담그니
한겨울 눈 내린 얼음 같구나.

비겔란 조각공원 구스타프는
인생의 남녀노소 희로애락
걸작품 탄생시키고
깎아지른 듯 요정 절벽 7자매 폭포는
한 서린 천둥소리 내며 누구를
원망하는가

세월은 말없이 흘러도
경이로운 산수는 변함이 없고
인걸만 오락가락하구나!
밤인 듯 낮인 듯 백야가 지속되는
이 경이의 땅
신의 축복인 듯
가장 잘 사는 자랑스런 나라라네.

The Blessed Country

- Norway

The blessed country that nature gave,
And the beautiful mountains and rivers God made,
The former pirate disturbing the peace,
Viking vanished out of sight,
Now this country has been filled with calmness and peace.

The country, being corroded by a glacier for thousands years,
Has been formed in U- or V-form fjord here and there,
And the best gift of nature that God sent,
We all put our hands in the water that glaciers are melted,
Feeling cold as the midwinter season.

Gustavo at Vigeland sculptural park
Engraved all human's feelings of humors and pathos
As the sculptural masterpieces.

Whom are the 7 Sister Waterfalls resenting
With a peal of thunder
Around the inaccessible ‘fairy cliff’?

Though time and tide are flowing as rivers,
The nature’s wonders are constant as ever,
But only human-beings are always changeable.
This mysterious land
Which the nights with midnight sun
Are lasting if it’s a night or a day,
Is the best plentiful and boastful country God blessed.

한민족 한상인(韓民族 韓商人)

자연이 준 풍요로운 계절
오곡백과 음미하며
새미골 막사발 가마는 어디 메뇨

사천 정명 600주년 여명
세계만방 종을 울리니
찬란한 오색등 드높이 밝히고
오대양 육대주가 한데 모여
산과 들 만추 향기 마시며
한민족 한상인을 노래하네
새들도 즐겁다고 지저귀네

당신이 있기에 더욱 빛나는 사천
우리는 한민족 한상인
눈은 세계로 가슴은 조국으로
아~ 대한민국 경제 대국 우뚝 섰네.

The Korean Race, The Korean Merchant

Savoring the 5 grains and lots of fruits
Of the abundant season that nature bestows,
Where is the 'Maksaval Gama' of 'Saemi-village'?

At dawn of the 600th commemoration for Sacheon Jeongmyung
Ringing the bell far and wide in all the world,
Brightening the 5 colored lamps up in the air,
The Five Oceans and Five Continents are gathered together
Smelling a fragrance of late autumn of its mountains and hills,
All the birds sing with delight,
They sing the Korean race, the Korean merchant.

Due to your name, Sacheon shines more brightly,
We are a merchant of Korea, and of a race of Korea,
Our eyes toward the world, our hearts toward the fatherland,
O, Korea! Korea rises up as high as a great power of economy.

뜻 깊은 추억

세월은 어느덧
바람이 옷깃을 스치듯
서른세 번
봄, 여름, 가을, 겨울 보내면서
온몸 불태워
맡은 소임 다하다 보니
추억으로 변해 가는구나
서운해 하지 말고
섭섭해 하지도 말고
평생 잊지 못할
시련과 고통도 참고
즐거움과 추억 남기며
모든 짐 다 내려놓았지만
동료들과 동고동락
지울 수가 없구려!
꽃피는 봄날 같기를
행운과 건강을 전해라.

– 이천십오년 십이월 퇴임식날

A Meaningful Retrospection

As time passes by,
So the wind grazes the collar of our coats,
Spending spring, summer, autumn, and winter,
For 33 times,
What I did fulfill my duty
With burning passion,
Is changing as a reflection.
Don't be sorry,
And be feel mistreated at all things,
But endure unforgettable ordeals and pains
Through all life
To leave delights and retrospections,
And to put down all my burdens,
But I cannot erase all things what I've experienced,
Sharing joys and sorrows with my fellow workers!
Send my regards on your fortunes and health
To be as a blooming spring day.

- On the Day of my Retirement, December, 2015.

독백

앞만 보고 달려왔다.
뒤돌아보니
추 안에 웬 낯선
중년남자 하나 서 있다

날아가 버린 세월의 무상함을
되새김질하는 황소처럼

무한 경쟁의 높은 벽은
태산처럼 보기조차 어지럽고
짊어진 배낭은
또 왜 이리 무거운지

남은 여정 얼마인가
잣대로 재볼까

이제는 모든 것 내려놓고
쉬엄쉬엄
노닐며 살리.
노닐며 살리.

A Soliloquy

I have run looking at the front,
Turning back,
There stands a middle-aged man
Amid a balance weight,

As a bull ruminating nothingness
Of the bygone time and tide.

The high wall of the unlimited competition
Feels so dizzy even to see blankly,
Why the knapsack, packed on the back
Is so heavy,

Shall I take measurements with a ruler
How much the itinerary distance would be remained?

Now I shall live with taking down all things,
In frequent breaks,

And shall live enjoying myself
Free from worldly cares.

한마음 한뜻으로

따스한 햇살이 살아 숨 쉬는 유월
신록의 계절
한마음 한뜻으로 백두산 천지에 오르네
아아 위대한 민족의 영산!
눈 씻고 마음 담아 푸른 창공 향해
소리 질러보는 통일조국 만세
서로서로 감싸 안고

작은 위로 용기 얻고
그 보다 더 행복이 어디인가
우리네 인생은 약속된 것
살아 숨 쉬는 그날까지
몸도 튼튼 마음은 건강
우리는 언제나 한마음 한뜻으로
조국 통일 향하여……

With one Mind, With one Will

June month that the warm sunbeams animate
Is the season of fresh verdure,
With one mind and one will
We wash our eyes at the crater lake on Mt. Baekdu,
Filling spirits with its vitality,
And shouting hurrah for our nation's unification
Toward the blue sky, embracing each other together,

That we can get a little solace and courage there
Is the best happiness in our life.
And our life is the promised blessing,
To the last extremity as far as we are living,
Unifying our thoughts into one mind and one will
Moves forward to the unification of our country,
As harmonious as our spirit and body are merged into one.

버팀목

천 년 송 한 그루
하늘을 향해 말없이 서 있다
당신은 나의 든든한 버팀목,
백두산 호령하던 기(氣)
내게 다 쏟아 붓고
등 휘어진 나무처럼
동절기 앙상한 가로수처럼
메마른 가지만 남아 있구나

피해 갈 수 없는 생과 사의 갈림길
불가(佛家)의 말처럼 윤회설이 있다면
당신과 나 뒤바뀌 연출되어
당신께 진 빚
큰 은혜
다 갚고 싶다.

As a Secret Tree

A piece of one thousand year old pine tree,
You are a strong wooden support,
And a sort of energy shaking Mt. Baedu,
You, pouring the energy all to me,
Shaking yourself on the doorsill of one century
Like the crooked tree,
Only the dry twigs remain
As haggard as street trees.

The secret tree, standing stands at the unavoidable crossroad of life and death,
If there is the metempsychosis as in Buddhism,
And the kismet of you(the secret tree) and I would be reversed,
I would like to repay you
For your debt all,
For your great favors.

새

뉘 찾아 헤매는가
두리번두리번

긴 목 내밀고
의연한 자태로
두리번두리번

행여 날 찾고
있지 않을까
두리번두리번
묻고 싶었다.

A Bird

Whom are you wondering in looking for
Staring round and round?

Sticking out your long neck,
With your dauntless attitude
Staring round and round,

Possibly
In case you might look for me,
Staring round and round
I want to ask you.

비닐봉지 속의 짜가

지하철 회현역 할머니 몇 분이 타셨다.
남대문 시장에서 샀다는 비닐봉지 속

이거는 오천 원 요거는 육천 원
양산은 오천 원짜리
다정해 보이고 천진스러운 할머니들 모습,
샤넬마크인 바지는 오천 원
색깔도 이쁘고
내 블라우스와 잘 어울리지?

옆자리 한 할머니는
부러운 듯이 바지를 만져 보며
"진짜 싸고 좋네, 그래요!
그런데, 짜가에요. 짜가면 어때요?
요즘 짜장면 한 그릇 값보다 싼데요,
내가 입은 블라우스도 일만 이천 원 짜가에요"

자랑스럽게 이야기하는 이 시대 어르신들,
짜가에도 만족해 하는 겸양의 미덕을

스스로 실천하시는 마음 착한 분들
우리가 함께 더불어 살고 있다는 사실을
잊어서는 안될 것 같다.

A Sham in Vinyl Box

A few old women got on subway at Hoehyeon station,
In the vinyl box that they had bought the articles,

They say, with their kind hearted, innocent looks,
"This is 5 thousand Won, that is 6 thousand,
And this parasol is also 5 thousand,"
This trouser in Chanel mark is 5 thousand,
Is this pretty and
Good match for my blouse?

An old woman at the near side,
Asks touching her blouse enviously,
"it's cheap and good, is it really?"
Then, "it's a sham, even if it's spurious, what about?
That's too cheaper than a dish of Chinese noodle, now.
And this blouse I put on is only 12 thousand won as a sham."

These kind seniors, speaking boastingly at this age,
Putting deeds of modesty into practice,
Being satisfied with the sham articles,
Should know that we have not to forget
The fact 'Living With, and Together'.

■ 작품해설

'딴소리 즐기기'를 위한 몇 가지 변명

- 이병석 시인이 물들이는 '이 강산 낙화유수'의 아이러니

권 오 운

〈시인 · 중앙대 문창과 겸임교수 역임〉

1. 시적 장치로서의 '딴소리'와 반어법

시가 삶의 본질적 가치를 구현해 내는 일에 있어, 다른 그 어떤 예술형태보다 비교적 너끈히 앞자리에 놓일 수 있다는 견해에 대해 고개를 저은 적이 있다. 그때는, 백번을 양보하더라도 시(예술)가 '그 무엇을 위한 용도'가 되어서는, 아니, 될 수도 없다는 도저한 결기로 무장되어 있었던 까닭이다.

그러나, 시는 삶을 노래하고, (또 그럴 수밖에

없어서) 그리하여 그에 따른 본질적 가치를 천착해 내는 데에 기여해야 한다는 데에 다른 생각을 가질 수 없게 되었다. 천하없어도 그래야 하리라. 가령 '음풍농월' 까지는 아니더라도 다음과 같은, 흡사 '사실 확인 증명원' 같은 글이 행여 무슨 탈을 쓰고 나타난다면 어쩔 텐가?

#1: 승전 기념 열병식이라나 뭐라나 하는 꼭두각시놀음 같은 패거리 마당에서, 광분한 병졸들이 벌이는 비인간적인 전율 - ,
#2: 취객이 그러듯이 종작없이 비척거리며 자신의 궤도를 떡 먹듯이 자주 이탈한 죄목(?)으로 행성의 지위를 박탈당한 명왕성이, 그런 사실을 아는지 모르는지 지금도 공전주기는 어김없이 248,534년을 지키고 있다는 사실 - ,
#3: 춘잠이건 추잠이건 간에 누에 한 장을 치려면 누엣장에 1만 5,000개의 잠란(蠶卵)을 줄 세워야 한다는 사실 - ,

시가, 만약 시가, 이런 날내 나는 얼굴을 하고 우리에게 다가와 무엇인가를 강요한다면 우리는 어떻게 해야 할까? 비록, (1)에서의 '꼭두각시 놀음 같은'과 '광분한', '비인간적'과 (2)에서의 '떡 먹듯이'와 '어김없이', (3)에서의 '세워야 한다'와 같은 객관화하려는 의도가 보이기는 하지만, 그것은 어디까지나 '사실'에 지나지 않으며, 사실의 술회는 아무리 분칠을 하고 떨잠을 흔들어도 결코 시적 생명력을 획득할 수는 없는 까닭이다.

모름지기 시란, 멀쩡한 한쪽 다리를 숨기고 외다리로 서서, 코앞의 미꾸라지를 노리면서도 얼굴로는 먼산바라기를 하고 있는 무논의 두루미처럼-, 마치, 호가 난 은근짜가 온 세상 서방들한테 새삼 궁둥이내외라도 하자는 것처럼-, 그렇게 오래도록 도저히 눈치 채지 못하게 돌아서서 입맛 다시는 기척, 느닷없는 꿍얼거림, 그리고 시시덕거리며 다가오는 손짭손의 떨림, -이런 것들이 마치 별같이 하나 둘 돋아나고 또 스러지는 '그동안'이 바로 시의 입새라고 나는 믿는다. 그 입새를 지키고 섰다가 놓치지 않고 낚아채는 재간이 시다운 시를 빚어 낼 것이다.

외돌아 온 길만큼 딴소리하며 나대는, 그렇다. 시는 시큰둥한 딴소리에서 비롯되는 것인지도 모

르겠다. '딴소리'는 시적 장치로서의 '반어(反語; irony)'에 다름 아니리라. '표현의 효과를 높이기 위하여 실제와 상반되는 뜻의 말을 하는 것'이 '반어'의 사전적 풀이이다. '주어진 상황과 아무런 관련이 없는 말' 또는 '미리 정해진 것이나 본뜻에 어긋나는 말'인 '딴소리'나 '헛소리'와도 별반 다르지 않다. '실속이 없고 미덥지 않은 말'이기도 하고 '앓는 사람이 정신을 잃고 중얼거리는 말'인 '헛소리'와도 같은 반열에 있어 보인다.

예컨대, 못난 사람더러 "잘났다"고 하는 경우, 엄청나게 잘못한 사람에게 "잘했군, 정말 잘했어!" 하는 경우, 불타는 가뭄 끝에 가까스로 먼지잼이나 될까 말까 하게 내린 비를 두고 "어이구, 한번 푸지게도 내렸구먼!"하는 따위가 바로 반어법이라 할 수 있는데, 달리 말하면 그것은 '속내 숨기기'이고 '엇나가기'이다. 이렇게 비틀어 보지 않으면 우리 삶의 신산한 진면목은 잘 보이지 않는다.

이처럼 일상의 우리 언어생활도 반어 없이는 단 하루도 영위되기 어렵듯이 시에서도 '속내 숨기기'와 '엇나가기'의 반어 없이는 시의 격조도 시의 재미도 얻어내기 어려울지도 모른다. 은근히 눙치는 수사법은 언어생활에서는 말할 것도 없거니와 시에서는 재미를 넘어 강력한 서사가 되기 때문이다.

2. 천둥 번개에 꽃물을 들여 무지개를 만드노니!

조금은 객쩍은 소리 같아 보여도 존재와 부재의 정교한 내면 투시를 통해 우주적 공감대를 형상화해 놓은 좋은 본보기가 있다.

엄마 나 왔어!
나는
그렇게도 원하던 시인 됐고
사랑하던 손자 정연이는
의젓한 사회인이 됐어

올해 유독 추웠는데 엄마는 안 추웠어?
엄마 좋아하던 피자는 내가 사 오고
백숙은 엄마가 끓여 주실 터인데

엄마 나 왔어!
난 아직 내 가슴에서
엄마를 보내드리지 못 했는데
영전에 미소만 가득하네

엄마가 사는 나라 하늘일 줄이야
미처 몰랐네
허공중에 불러 보는 아득한 그리움
불러도 또 불러 보고픈 엄마의 사랑
머언~ 먼 하늘이 되고 땅이 될 줄은……

-〈엄마 나 왔어!〉 전문.

'원하던 시인'이 된 것도 꽤 오랜 시간이 흘렀을 터이고, '손자 정연이 의젓한 사회인이 되기'까지는 더 많은 날이 소요되었을 텐데도, 시인은 '난 아직 내 가슴에서 엄마를 보내 드리지 못 했'다고 딴소리를 한다. 비록 '가슴(마음)'에서이긴 해도 엄마는 '나'한테 계신데, '엄마 나 왔어!'라고 두 번째 딴소리를 하는데……, 또 있다. 돌아가신 엄마는 (실체가 없으므로) 하늘이며, 땅이며, 허공중이라면서도 그런 사실은 '미처 몰랐다'고 시치미를 뗀다. 세 번째 딴소리다.

〈엄마 나 왔어!〉는 지극히 평범한 일상의 한마디지만, 소원(시인이 됐고, 사회인 된 손자)이 이루어지고 '내 가슴에서 보내 드리지 못 했는데'도 엄마는 허공중에 있음을 보여 주는 존재와 부재의 내면 투시는 정교한 교직물처럼 탄탄한 토대를 구축하고 있다.

3. 느닷없이 다가와 한 송이 그리움이 되는 꽃이여!

이병석은 소망과 기다림의 시인이다. 단순한 소망과 기다림뿐만의 시인이 아니라 그것들에게 '꽃물을 들이는' 서정적 장인이기도 하다. 그런 그의 품새가 눈에 삼삼할 지경이다. 번개와 천둥과 무서리를 비껴서 어두운 터널도 지나서 한 송이 오롯이 피워 낸 아름다운 그 꽃이 여기 흐드러져 있나니!

강산이 수없이 변한 세월
천둥 번개 무서리 칠 때
핏빛 가슴으로 피워 낸 꽃송이
삼천리 방방곡곡 물들어라

어두운 터널 벗어나
태양은 붉게 타오르고
티 없이 밝고 맑은 순수의 꽃물은
저 북녘 땅까지 퍼져 나가라

어느 시인의 노래처럼
너 하나 물들고 나 하나 물들면
우리는 하나 되어 꽃동산 되리

내가 기쁠 때
내 웃음소리 들어 주고
내가 슬플 때
내 슬픔 안아 주는
너 때문에
우리는 하나 되리

행복한 꽃봉오리
알알이 영그는 꽃동산
평행선의 꽃물로
너 물들고 나 물들면
삼천리 금수강산
어느새 어여쁜 꽃밭 되겠지

-〈무궁화꽃〉 전문.

무지개처럼 꽃 피우지 않아도 저절로 그에게 '와서 꽃이 되는' 일상의 기적들이 여기 있다. 소리치지 않아도 저 혼자 타올라서 '순수의 꽃물'로 찰랑이는 일상의 맨 얼굴이 또한 여기 있다. 김춘수의 〈꽃〉보다도, 김수영의 〈풀〉보다도 먼저 다가와 '너 하나 물들고 나 하나 물들면' 비로소 다가와 '하나의 의미가 되는' 숨가쁜 충일이 너울거린다. '기쁠 때'의 '웃음소리'도 '슬플 때'의 응어리마저도, 먼길을 헤매고 돌아와 '하나가 되는' 기쁨이고, 바라봄이고, 흐드러짐이다.

4. 두 눈 부릅뜬 우리를 '동녘'은 실눈을 뜨고 본다네

두 눈을 부릅뜨고 보아야 잘 보이는 것은 결코 아니리라. 배신과 탐욕과 야합이 판을 칠 때에는 눈알이 뒤룩거리기 마련인 까닭이다. 그런가 하면 실눈을 뜨면 자신도 모르게 목표물에 많이 다가가 있음은 본다. 실눈이 때로는 시의 길이 된다.

동녘이 물든다
새색시 미소처럼
고운 홍조 볼에
실눈을 뜨고 웃는다. 점점……

영산홍 꽃더미처럼 펼쳐 오른다
설레는 가슴에 치솟는
소망의 꽃봉오리

둥글게 뭉쳐서 끓어오른다
힘차게 솟는다
올 한 해의 나쁜 기는

다 태워 버리고
좋은 기는 솟아
이글이글 타오르는
아~ 가슴 끓는 희망의 꽃불이여~

〈해맞이〉 전문.

새삼스러운 얘기지만, 시를 얽고 있는 몇 가지 장치 가운데에는 '역설'이 잇대어져 있음을 알 수 있다. 역설은 서로 상충하고 대립하는 기틀을 본질로 삼는다. 그리고 그 상충과 대립의 폭을 키우면 키울수록 진실을 인식하고 확장하는 기능 또한 배가 된다는 것도 확인할 수 있다. 더욱이 그 어조가 가열(苛烈)하기보다는 낮고 침착할수록, 긴장감은 더욱 심화, 확장된다는 사실도 알 수 있다.

이병석은 역설의 시인이다. '볼'에 띤 '홍조'의 연원은 '동녘'에 있고, 이글거리며 '끓어오르는' 동녘을 다시 '태워 버리고' 있는 천연덕스러움은 소름을 돋게 만든다. 그의 소망이 가장 잘 녹아 있는 〈시인이 되어〉에도 진하게 풍기는 '향기'가 있다.

-어느 집에서 흘러나온/ 닭간장 떡국 냄새/
(……)내 곁을 맴돈다

'닭간장'이라는 음식을 알 길이 없다. 다만, '수년이 지나도록 내 곁을 맴돌고' 있으며, '모두의 가슴에 향기로 남아' 있다는 것으로 보아, 그것은 푹 곰삭은 나머지 이제는 향기로 떠도는 우리의 고유한 음식임을 미루어 짐작할 수 있을 뿐이다. 그 향기는 오래도록 우리의 고단하고 '메마른 세상'을 덮어 줄 것이다.

5. '뻔한 얘기'를 뻔하지 않게 휘갑치는 기교와 재치

시를 쓰려는 초심자들에게 창작교본의 하나처럼 삼고 있는 동시 한 편이 있다. 권태응(權泰應 ; 1918~1951)의 〈감자꽃〉이 그것이다.

자주꽃 핀 건 자주 감자/ 파 보나 마나 자주 감자
하얀꽃 핀 건 하얀 감자/ 파 보나 마나 하얀 감자

사실을 따지자면 뻔한 얘기다. 하얀 꽃이 피면 그것은 하얀 감자고, 자주꽃이 피면 거기에는 자주 감자가 열려 있다는 것 말이다. 하얀 꽃이 핀 것은 파 볼 것도 없이 하얀 감자가 열려 있을 것이고, 자주 꽃이 피어 있으면 그것은 파 볼 필요도 없이 자주 감자가 열려 있다고 하면 그것은 지극히 사실적인 이야기를 사실 그대로 말했을 뿐 결코 시의 영역이 되기는 어렵다.

그러나 이 시의 핵심이자 꼭짓점은 '파 보다'와 '말다'에 있다. 그냥 '파는' 것이 아니라 한 번 파 '보는' 너스레가 한없이 입맛을 다시게 한다. 거기다가 그냥 한 번 '파 보는' 것이 아니라 '마는' 제스처의 묘미야말로 시에 새로운 생명력을 불어 넣고 있다. 평범은 능치면 능칠수록 비범이 된다.

이병석의 다른 작품 〈봄처녀〉에도 이런 '비범'이 '풋풋하게' 다가온다. 처녀의 '소란'과 '아우성' 치는 '몸부림'이 당장이라도 요절을 낼 듯하지만, 뜻밖에도 그것은 '영혼'을 '설레게' 하는 낮은 숨결로 마무리되고 있다.

싱그러운 오월 하늘 아래
좋은 사람끼리 만남
하늘이 맺어 준 인연이기에
마음껏 충전하고 싶다

무거운 일상을 벗어던지고
번뇌와 갈등 오해를 벗어나
희망의 연주곡 같은 우리 만남
무구한 자유 나의 작은 공 하나
새가 되어
하늘로 날려 보내고파!

(………………)
의지와 상관없이
떨어져 뒹구는 작은 공 하나
(………………)
달려가는 내 욕망의 꼭짓점
때린 자와 맞는 자의
평행선은 이룰 수 없지만
당신과의 소중한 만남

푸른 초원과 드넓은 하늘을 날고 싶은
너는 언제나 나의 짝사랑

-〈만남〉 부분.

'일상을 벗어나'면, '싱그러운 만남'이 다가오듯이, 그러나 그것은 언제나 '짝사랑'의 '평행선'이듯이, 우리들의 삶의 궤적은 어디 하나 돌올한 데가 없다. 그럼에도 불구하고, 이병석이 가야 할, 아니, 그의 시가 짊어지고 가야 할 '욕망의 꼭짓점'은 '한없는 설렘'으로 조용히 준동의 페달에 발을 얹고 있다.

부디, 그의 시가, 그의 시의 앞날이, (좀 더 솔직하고 정확하게 말하자면 그의 '시의 낙화유수'가) 오늘을 살아가는 우리 모두의 고단하고 피폐한 심신을 치유할 수 있는 쾌도난마의 한 날이 되기를 바란다. 아니 그렇게 될 것이라 믿어 의심하지 않는다.

저자와의
협약으로
인지생략

이병석 시집

낭만의 향기 피우며

초판 발행 2016년 1월 15일

지은이 | 이병석
펴낸이 | 김효열
옮긴이 | 원응순
편　집 | 이미정
마케팅 | 김효숙 · 김영미 · 박미옥

펴낸곳 | **을지출판공사**

등록번호 · 제 2-741 호
등록일자 · 1985 년 2월 14일
주　　소 · 서울시 마포구 양화로6길 27-5(서교동) 301호
우편번호 · 121-840
전　　화 · 02) 334-4050
팩　　스 · 02) 334-4010
E-mail : ejp4050@hanmail.net

값 15, 000원

* 잘못된 책은 바꿔 드립니다.

ISBN 978-89-7566-159-4 03810

The Poetic Anthology of Lee Byung-Seok

Emitting the Romantic Fragrance

EulJi Publishing Company
27-5, Yanghwa-ro 6gil, Mapo-gu, Seoul, 04044, Korea
TEL 82-2-334-4050
FAX 82-2-334-4010
e-mail : ejp4050@hanmail.net

First Printed on 15, January 2016

ISBN 978-89-7566-159-4

Printed in Korea

Price ; US$15